INSPECTION DES VIANDES DE BOUCHERIE

Ville de Lyon.

RAPPORT

présenté, au nom de la Commission, instituée par arrêté de M. le Maire de Lyon, en date du 12 mars 1883,

Par M. AUREGGIO,

Vétérinaire en premier au 4ᵉ Cuirassiers.

LYON

IMPRIMERIE SCHNEIDER FRÈRES

Quai de l'Hôpital, 12

1883

INSPECTION DES VIANDES DE BOUCHERIE

(Ville de Lyon.)

RAPPORT

Présenté par M. AUREGGIO, *vétérinaire en premier au 4ᵉ régiment de cuirassiers, au nom de la Commission instituée par arrêté de M. le Maire de Lyon, en date du 12 mars 1883, à l'effet de dresser un tableau des diverses maladies pouvant entraîner la saisie partielle ou totale des animaux ou des viandes présentés à l'inspection du service de la boucherie* (1).

MESSIEURS,

Par un arrêté en date du 12 mars 1883, M. le Maire de Lyon nous a fait l'honneur de nous désigner pour constituer une Commission chargée de dresser une liste des diverses maladies pouvant entraîner la saisie partielle ou totale des animaux ou des viandes présentés à l'inspection du service de la boucherie.

Pour répondre aux désirs de l'Administration municipale, vous avez,

---

(1) Cette Commission était composée de MM. le Dʳ Rollet, professeur à la Faculté de médecine de Lyon, Saint-Cyr, Cornevin et Galtier, professeurs à l'Ecole vétérinaire de Lyon, Quivogne, vétérinaire à Lyon, et Aureggio, vétérinaire en premier au 4ᵉ régiment de cuirassiers.

sous la présidence de M. le docteur Rollet, examiné et discuté longuement, dans le cours de sept séances, les questions scientifiques, administratives et commerciales soulevées par le contrôle des viandes alimentaires, et vous m'aviez confié la difficile mission de réunir dans un rapport l'analyse et le résultat de vos travaux. C'est ce rapport que j'ai l'honneur de vous soumettre.

Ainsi qu'il résulte des déclarations qui nous ont été faites dans notre première réunion du 12 avril et dans notre séance du 21 avril, par M. l'adjoint Dubois et M. le Maire de Lyon, la nomination de la Commission a été provoquée par des réclamations formulées par la boucherie de Lyon contre le service municipal d'inspection des viandes.

Bien que votre rôle vous parût tout particulièrement borné à définir les bases scientifiques de l'inspection, comme il résulte de l'arrêté qui vous a constitués en Commission, vous avez décidé, sur la proposition de M. Quivogne, et après acceptation de M. le Maire, que vous entendriez MM. les bouchers, témoignant ainsi vos vues conciliatrices entre l'Administration et les corporations intéressées. MM. les syndics de la boucherie et de la charcuterie, ainsi que les délégués des marchands de bestiaux, ont donc été reçus par la Commission, pour lui exposer les réclamations du commerce des viandes.

MM. les syndics ont déclaré accepter la surveillance de l'inspection et n'avoir aucune plainte à formuler contre le personnel actuel du service et contre la validité de ses opérations.

En principe, ils veulent que le contrôle n'apporte aucune entrave à leur commerce, et ils demandent à cet égard qu'un bureau d'inspection fonctionne en permanence à la halle des Cordeliers et dans les abattoirs. Ces revendications, si elles sont acceptées, entraîneront une augmentation du personnel ; l'Administration a promis de les examiner avec sa bienveillance ordinaire, elle leur donnera une solution équitable.

MM. les syndics ont, en outre, formulé des plaintes concernant les opérations du service dans les abattoirs, qui se feraient avec trop d'indécision ; ils ont réclamé la contre-expertise, ils ont exprimé l'opinion que les saisies de viandes tuberculeuses ne sont pas motivées par la raison d'insalubrité.

Sur le premier point, la Commission a entendu M. l'Inspecteur principal du service, qui lui a fourni des explications justificatives; sur le second, M. le Maire vous a démontré que la contre-expertise serait, pour l'Administration, l'abandon du contrôle qu'elle a le devoir d'exercer en matière d'hygiène, et, pour le service, une cause d'impossibilité de fonctionnement. En ce qui concerne le troisième grief, c'est-à-dire la consommation des viandes tuberculeuses, la Commission a formulé diverses propositions qu'il est nécessaire d'expliquer avec détail.

Vous avez, Messieurs, consacré plus de trois séances à la discussion de cette difficile question.

Comme le règlement actuel de la boucherie, vous avez admis deux cas, ou plutôt deux états de viandes tuberculeuses, sous le rapport des mesures à prendre en matière d'inspection. La tuberculose peut être *généralisée* ou *localisée*, d'après la Commission; seul, M. Aureggio, se basant sur la nature virulente de cette maladie, se refuse à accepter cette classification, qu'il ne croit pas fondée scientifiquement : le mot *localisée* semblant à tort, selon lui, indiquer que la tuberculose n'est pas une maladie virulente.

Dans le cas où la tuberculose serait généralisée, quel que soit l'embonpoint du sujet affecté, vous avez décidé que les viandes doivent être saisies en totalité. La Commission est unanime à cet égard; elle a pris, en outre, une autre décision, qui consiste à faire connaître, dans un avis annexé à la liste des saisies, les caractères que vous attribuez à la phtisie généralisée. Vous avez voulu, de cette façon, que les bouchers fussent exactement instruits des signes qui caractérisent l'insalubrité de leur viande.

En ce qui concerne la phtisie localisée, vous avez décidé, à l'unanimité, que les organes atteints seraient saisis, ainsi que les viandes en contact avec eux, et par trois voix contre trois, que les viandes de ces animaux ne pourraient être mises en vente qu'aux enchères, et après avoir indiqué au public qu'elles doivent subir une forte cuisson.

La division qui s'est produite à ce sujet dans la Commission porte surtout sur des questions d'application. La minorité, composée de MM. Saint-Cyr, Galtier et Cornevin, demande le *statu quo* et considère la mesure adoptée comme peu pratique. Sans proclamer l'innocuité des viandes fournies par les animaux atteints de tuberculose localisée, et tout en les déclarant suspectes, nos savants collègues arguent que l'état actuel de la science ne leur permet pas d'en affirmer la contagiosité à l'homme.

M. Saint-Cyr, qui ne doute pas de la virulence de la tuberculose, qu'il a contribué à démontrer par ses travaux, dit qu'il est prudent d'attendre le résultat des expériences entreprises par le Comité consultatif d'hygiène publique de France, sur le danger de la consommation des viandes tuberculeuses.

M. Cornevin s'en réfère aux expériences de M. Galtier, qui n'ont démontré la contagion *qu'une fois sur quinze*, et il conclut qu'il n'y a pas lieu, pour le moment, d'exagérer la sévérité de l'inspection. M. Galtier recule devant la mesure réclamée par ses collègues de la majorité, parce qu'il la considère comme illégale, comme impraticable, et comme devant soulever des protestations et des difficultés de toute sorte pour l'administration elle-même.

Les trois autres membres de la Commission (MM. Rollet, Quivogne et Aureggio), qui forment la majorité, obéissent, en se prononçant contre leurs collègues, à des motifs d'ordre varié.

Pour M. Rollet, il y a un danger réel à consommer de la viande tuberculeuse crue ou saignante, et ce danger ne peut être évité que par une forte cuisson.

M. Quivogne fait valoir qu'il y a une sorte de malhonnêteté à vendre, pour de la viande de première qualité, de la viande provenant d'un animal atteint de tuberculose localisée; c'est pour lui une denrée de valeur réduite, et dont les propriétés dangereuses doivent être indiquées à l'acheteur.

M. Aureggio, rappelant à plusieurs reprises que les viandes tuberculeuses sont consommées par la troupe, ainsi qu'un syndic de la boucherie l'a avancé devant la Commission le 28 avril 1883, proteste énergiquement contre la consommation de ces viandes, les considérant comme insalubres; il n'accepte la mesure proposée que parce que la Commission ne veut point de la prohibition absolue de ces marchandises.

Laissez-moi ajouter, Messieurs, à cet exposé des opinions que vous avez émises, que les découvertes récentes de la science paraissent sanctionner les opinions de votre majorité. Depuis les premières expériences faites en 1867 et 1873 par M. Chauveau (démontrant la contagion de la tuberculose par l'ingestion des matières tuberculeuses) et les expériences de MM. Villemin et Vallin, celles faites en 1874 par M. Saint-Cyr, de nombreux expérimentateurs sont venus démontrer la virulence de la tuberculose bovine. C'est, outre M. Galtier, dont nous avons déjà parlé, MM. Peuch et Toussaint, ce dernier surtout, dont les communications à l'Académie des sciences en 1880 et 1881 démontrent d'une façon presque terrifiante la transmission constante de la tuberculose à plusieurs espèces animales, ainsi que le parasitisme de cette maladie.

Koch, en Allemagne, a découvert de son côté la nature parasitaire de la tuberculose : MM. Cornil et Babès ont communiqué à l'Académie de médecine (séances des 24 avril et 1er mai 1883) une note sur la topographie des bacilles de la tuberculose. Il semble, au surplus, qu'il soit démontré qu'il y a complète analogie, au point de vue anatomique et histologique, entre les lésions de la tuberculose des animaux et celle de l'homme; et le docteur Creighton, professeur à l'Université de Cambridge, prétend avoir observé sur l'homme douze cas de tuberculose qu'il attribue à la contagion directe par l'usage du lait de vaches atteintes de pommelière. (*Revue d'hygiène*, n° de juin 1881.)

Je borne là ces citations qui suffisent pour motiver la sévérité des mesures réclamées par la majorité de la Commission.

Votre Commission, Messieurs, s'est de nouveau divisée sur la question de la ladrerie. A l'unanimité, vous vous êtes prononcés pour la saisie totale du maigre des viandes ladres envahies par de nombreux cysticerques; mais, en ce qui a trait aux viandes ladres dans lesquelles le nombre des cysticerques est très restreint, nos honorables collègues

MM. Galtier, Cornevin et Saint-Cyr, ont demandé le *statu quo*, c'est-à-dire la mise en vente après salure, alors que la majorité de la Commission, composée de MM. le docteur Rollet, président, Quivogne et Aureggio, s'est prononcée pour la mise en vente après la cuisson. C'est encore là une dissidence qui porte plus sur la question d'application que sur le principe.

Vous avez décidé ensuite et, d'un commun accord, les mesures suivantes :

La saisie totale dans les cas de :

Peste bovine ;
Morve ;
Farcin ;
Charbon essentiel et symptomatique ;
Rage ;
Maigreur et tuberculose associées, quel que soit le développement de l'une ou de l'autre ;
Mort naturelle ;
Trichinose ;
Carcinose et mélanose ;
Septicémie ;
Résorption purulente ;
Maigreur extrême ;
Mort-nés.

La saisie partielle dans les cas de :

Lésions parasitaires, aigües et chroniques des viscères et des séreuses ;
Traumatisme (ecchymoses, plaies, abcès) ;
Viandes dites cassées (sans fièvre générale ;
Viandes fiévreuses, saigneuses, surmenées, ainsi que le rouget, avec faculté laissée à l'inspecteur de saisir le tout, la partie ou rien, selon les cas ;
Viandes corrompues, y compris le saucisson rance ;
Crapaud et eaux-aux-jambes, pour le cheval.

Enfin, relativement à l'introduction des viandes foraines, la Commission réclame l'application d'une mesure qui lui paraît indispensable. A l'unanimité, elle a voté la motion ci-dessous :

« Les bouchers entrant en ville des viandes foraines ne pourront « les introduire que par moitiés, les viscères adhérents aux quartiers.

« Toute introduction faite en dehors de ces conditions ne pourra « avoir lieu qu'avec la production d'un certificat délivré par un vété- « rinaire et établissant la salubrité des viandes. »

Vous avez considéré comme indispensable à l'examen de l'inspection la présentation des viscères adhérents, à la visite ; c'est une mesure qu'on a présentée comme devant entraver le commerce local, et vous n'avez cependant pas hésité à la réclamer. Il ne serait pas logique, en effet, de se placer, pour les viandes foraines, dans d'autres conditions que pour l'examen des viandes aux abattoirs. Si une vache présente des conditions d'insalubrité, il faut qu'on puisse les reconnaître. La santé publique est particulièrement intéressée à la bonne surveillance des viandes venant de l'extérieur.

Tel est, Messieurs, le résumé analytique de vos travaux. Ils consacrent les principes actuellement appliqués dans l'inspection des viandes, à Lyon, sauf en ce qui concerne les viandes tuberculeuses et ladriques et l'inspection des viandes mortes, pour lesquelles vous réclamez des mesures de rigueur absolument indispensables.

Lyon, le 9 juin 1883.

Le Rapporteur,
Signé : E. Aureggio.

Le présent rapport a été adopté à l'unanimité par la Commission, dans sa séance du 9 juin 1883.

Le Président,
Signé : Rollet.

Les membres de la Commission :
Signé : Saint-Cyr, Ch. Cornevin,
Galtier, F. Quivogne.

Lyon. — Imp. Schneider frères.

www.ingramcontent.com/pod-product-compliance
Lightning Source LLC
Chambersburg PA
CBHW061621040426
42450CB00010B/2604